BEI GRIN MACHT SICH IHR WISSEN BEZAHLT

AF157164

- Wir veröffentlichen Ihre Hausarbeit, Bachelor- und Masterarbeit

- Ihr eigenes eBook und Buch - weltweit in allen wichtigen Shops

- Verdienen Sie an jedem Verkauf

Jetzt bei www.GRIN.com hochladen und kostenlos publizieren

Adeline Funke

Max Weber. Soziologie als Wirklichkeitswissenschaft

GRIN Verlag

Bibliografische Information der Deutschen Nationalbibliothek:

Die Deutsche Bibliothek verzeichnet diese Publikation in der Deutschen National-
bibliografie; detaillierte bibliografische Daten sind im Internet über http://dnb.d-
nb.de/ abrufbar.

Impressum:

Copyright © 2006 GRIN Verlag GmbH
Druck und Bindung: Books on Demand GmbH, Norderstedt Germany
ISBN: 978-3-656-49875-9

Dieses Buch bei GRIN:

http://www.grin.com/de/e-book/232774/max-weber-soziologie-als-wirklichkeitswis-
senschaft

GRIN - Your knowledge has value

Der GRIN Verlag publiziert seit 1998 wissenschaftliche Arbeiten von Studenten, Hochschullehrern und anderen Akademikern als eBook und gedrucktes Buch. Die Verlagswebsite www.grin.com ist die ideale Plattform zur Veröffentlichung von Hausarbeiten, Abschlussarbeiten, wissenschaftlichen Aufsätzen, Dissertationen und Fachbüchern.

Besuchen Sie uns im Internet:

http://www.grin.com/

http://www.facebook.com/grincom

http://www.twitter.com/grin_com

Max Weber: Soziologie als Wirklichkeitswissenschaft

Verfasserin: Adeline Funke

Inhaltsverzeichnis

1. Einleitung

In den folgenden Abschnitten wird auf die Schwerpunkte der Forschung und der Erkenntnistheorie von Max Weber eingegangen und sie erläutert. Zur Betrachtung stehen dabei folgende Punkte:

1. die allgemeine Soziologie mit den Konzepten des Handelns und des Verstehens;
2. das Konzept der Rationalität und die Wirtschaftssoziologie;
3. der Objektivitätsansatz und das Konzept des Idealtypus;
   und
4. das Werturteilspostulat.

Des Weiteren erfolgt ein Theorievergleich nach Haller, welcher auf die Thematik „Soziologie als Wirklichkeitswissenschaft" eingeht.

Hierbei werden folgende Punkte bezüglich des Themas „die Soziologie als Wirklichkeitswissenschaft" angesprochen:

1. die zentralen Grundannahmen und die Gegenstandsbereiche
2. der wissenschaftstheoretisch – methodologische Anspruch
3. die Diagnosefähigkeit
   und
4. die Legitimationsfähigkeit.

2. Die allgemeine Soziologie[1]

Ausgangspunkt für die folgende Betrachtung der Konzepte des Handelns und des Verstehens ist die nachstehende Definition von Soziologie:

„Eine Wissenschaft, welche soziales Handeln deutend verstehen und dadurch in seinem Ablauf und seinen Wirkungen ursächlich erklären will."[2]

Der Objektbereich der allgemeinen Soziologie besitzt dabei als Ausgangspunkt das Konzept des sozialen Handelns[3], dieser besitzt folgende Unterscheidungen:

1. das *menschliche Handeln*, welches sowohl inneres als auch äußeres Tun bedeutet, sowie das Unterlassen und Dulden;

2. das *Handeln*, dies ist wiederum ein Teilbereich, welcher vorliegt, wenn der oder die Handelnden mit ihm einen subjektiven Sinn verbinden; und

3. das *soziale Handeln*, ist ein Handeln, welches seinem gemeinten Sinn nach auf das Verhalten anderer bezogen wird und daran in seinem Ablauf orientiert ist.

Zum besseren Überblick der vorgestellten Bereiche vom Handeln dient die folgende *Abbildung 1*:

Menschliches Handeln

	Handeln
	Soziales Handeln*

* entspricht dem Objektbereich der Soziologie Max Webers (in den Grundbegriffen)

Quelle: Käsler, 1979,152

Es lässt sich anhand der Abbildung erkennen, dass jegliches handeln *menschliches Handeln* bedeutet, welches zudem noch die zwei Unterscheidungen des *Handelns* und des *sozialen Handelns* in sich trägt.

Als methodische Grundlage dient das Konzept der „Verstehenden Soziologie", welches im Mittelpunkt den Begriff des Sinns besitzt. Der Begriff des Sinns beinhaltet dabei verschiedene Bedeutungen für die empirische Wissenschaft.

---

[1] Vgl. Käsler, 1979, 150-158
[2] Morel, 1999, 21
[3] Vgl. Käsler, 1979, 152

Dies sind:

1. *der tatsächliche* Sinn

   1.1 in historisch gegebenen Fall von einem Handelnden oder

   1.2 durchschnittlich und annährend in einer gegebenen Masse von Fällen von Handelnden

   oder

2. in einem begrifflich konstruierten reinen Typus von dem oder den als Typus gedachten Handelnden *subjektiv gemeinten Sinn.*

Des Weiteren wird die Konstruiertheit dieses Begriffes betont, denn dieser ist weder objektiv richtig noch ein metaphysisch ergründeter wahrer Sinn.

Der Begriff des Sinns stellt die entscheidende Kategorie des Weberschen Handlungsbegriffs dar. Das Konzept des „Verstehens" steht daher im Mittelpunkt seiner Methodologie.[4]

„ʹVerstehenʹ bedeutet demnach ʹdeutende Erfassung

1. des im Einzelfall real gemeinten [...] oder

2. des durchschnittlich und annäherungsweise gemeinten [...] oder

3. des für den reinen Typus (Idealtypus) einer häufigen Erscheinung wissenschaftlich zu konstruierenden (ʹidealtypischenʹ) Sinnes oder Sinnzusammenhangs."[5]

„Als ʹMotivʹ eines Handelns bezeichnet Weber einen ʹSinnzusammenhang, welcher dem Handelnden selbst oder dem Beobachtenden als sinnhafter ʹGrundʹ eines Verhaltens erscheintʹ. Aus dieser Definition ergibt sich die Webersche Unterscheidung von ʹSinnadäquanzʹ und ʹKausaladäquanzʹ:

ʹSinnhaft adäquatʹ soll ein zusammenhängend ablaufendes Verhalten in dem Grade heißen, als die Beziehung seiner Bestandteile von uns nach den durchschnittlichen Denk- und Gefühlsgewohnheiten als typischer [...] Sinnzusammenhang bejaht wird.

ʹKausal adäquatʹ soll dagegen ein Aufeinanderfolgen von Vorgängen in dem Grade heißen, als nach Regeln der Erfahrung eine Chance besteht: dass sie stets in gleicher Art tatsächlich abläuft."[6] Das Ziel der Soziologie Webers besteht darin, die Sinn- und Kausaladäquanz miteinander zu verbinden, um zu „verstehenden" und „erklärenden" Aussagen zu gelangen. Hinzu kommt, dass Max Weber eine *idealtypische Vierteilung* des sozialen Handelns konstruiert hat.

---

[4] Vgl. Käsler, 1979, 153
[5] Käsler, 1979, 153
[6] Käsler, 1979, 154

Diese gliedert sich wie folgt[7]:

1. *zweckrational*: durch Erwartungen des Verhaltens von Gegenständen der Außenwelt und von anderen Menschen und unter Benutzung dieser Erwartungen als 'Bedingungen' oder als 'Mittel' für rational, als Erfolg, erstrebte und abgewogene eigene *Zwecke*, -

2. *wertrational*: durch bewussten Glauben an den [...] unbedingten Eigenwert eines bestimmten Sichverhaltens rein als solchen und unabhängig vom Erfolg, -

3. *affektuell*, insbesondere *emotional*: durch aktuelle Affekte und Gefühlslagen, -

4. *traditional*: durch eingelebte Gewohnheiten.

Hierbei ist festzuhalten, dass die *absolute Zweckrationalität* einem konstruktiven Grenzfall entspricht.

3. Die Rationalität und die Wirtschaftssoziologie

In diesem Kapitel wird sowohl die Problematik der okzidentale Rationalität als auch die Leitidee und Mehrdimensionalität der Rationalität erläutert. Des Weiteren wird die Wirtschaftssoziologie, welche von Max Weber konstruiert wurde, vorgestellt und der Zusammenhang zum Rationalitätskonzept erläutert.

Die Elemente des *okzidentalen Rationalismus*[8] beginnen bei den modernen Naturwissenschaften in mathematischer Form. Diese sind auf kontrollfähige Experimente gegründet und setzen sich z.b. mit speziellen Formen der Wissenschaftsorganisation an den Universitäten fort. Kennzeichnend für die Rationalisierung sind z.b. der berechenbare Privatverkehr und die gewinnorientierten Unternehmen. Somit ist erkennbar, dass die spezifische, kapitalistische Wirtschaftsethik dem Kernpunkt der Erklärung entspricht. Sie erklärt den Rationalismus aus der Logik der christlichen Religion und der beinhaltenden Tendenz zur Rationalität heraus. Als eine Entzauberung der Welt, in der wiederum die Kulturbedeutung des Protestantismus als ein Resultat des rationalisierten mittelalterlichen – religiösen Weltbildes in besonderer Weise wirksam wird. Daraus folgt, dass Protestanten eine Neigung zum ökonomischen Rationalismus besitzen. Somit lässt sich die Rationalisierung als eine geistige Bewegung ansehen. Der Geist des Kapitalismus entspricht dabei der ökonomischen Ausdrucksform des Geistes. Diese Hypothese wird durch die Ergebnisse einer empirischen Studie von Offenbach gestützt. Dabei ergab sich folgendes Resultat: der Anteil an Protestanten ist unter Unternehmern und unter dem hochqualifiziertem, technischen und kaufmännischen Personal überproportional hoch.

---

[7] Käsler, 1979, 155
[8] Vgl. Bergner/ Mocek, 1986, 137-142

Weber folgerte daraus, dass eine anerzogene geistige Eigenart (aufgrund der religiösen Atmosphäre der Heimat und durch das Elternhaus bedingte Richtung der Erziehung) die Berufswahl und weitere berufliche Schicksale bedingt bzw. bestimmt werden. Daraus folgt, dass bestimmte geistige und kulturelle Wertsphären im Prozess ihrer Ausdifferenzierung rationalisiert werden, dies ist konstitutiv für das bürgerliche Kapitalismusverständnis. Somit ist der Kapitalismus keine Entwicklungsstufe der Gesellschaft, sondern sinnbildlich für moderne Gesellschaften. Er ist vielmehr der Abschluss eines jahrhundertelangen Vorgangs, welcher die Menschheit in die Moderne führte.

Die *Rationalisierung als Leitidee*[9]:

„Die wachsende Herrschaft über die Natur- und Sozialordnung schlägt zurück auf die um Rationalität und Herrschaft über ihre eigene Bedingtheit bemühte individuelle Person."[10]

Die Rationalisierung ist durch ein Dilemma gekennzeichnet, welches umso deutlichere Züge annimmt, je umfassender der Rationalismus der Lebensgestaltung in alle Bereiche vordringt. Max Weber hatte den Anspruch eine Art universalhistorisch fundierte Ortsbestimmung der Gegenwart zu schaffen, in deren Mittelpunkt die Frage nach der Bedeutung der Rationalität als herrschende Lebensform stand. Das Forschungsinteresse galt dabei Erscheinungen, denen er eine kulturbestimmende Bedeutung für Gegenwart beimaß. Dies waren z.B. der rationale Kapitalismus, Staat, Recht, Wissenschaft und die rationalen, bürokratischen Organisationsformen, welche in alle Lebensbereiche vordringen.

Es folgt nun nachstehend die Erläuterung der *Mehrdimensionalität des Rationalisierungskonzepts*[11]. Dem Rationalisierungsphänomen haftet demnach Vieldeutigkeit an. Damit ist gemeint, dass Rationalisierungen der verschiedenen Sphären in unterschiedlichen Richtungen denkbar sind und als geschichtliche Phänomene nachweisbar sind. Des Weiteren ist erkennbar, dass Max Weber diesen Begriff in drei Dimensionen:

1. Rationalität und Rationalisierung im wissenschaftlichen – technisch – organisierten Sinne, die gemeinsamer Basis besteht dabei in der Organisation des Verhältnis des Menschen zur natürlichen/ sozialen Welt im Sinn und mit dem Ziel ihrer Berechenbarkeit und Beherrschbarkeit;

2. in der Sphäre metaphysisch – ethischer Sinninterpretation, das heißt, als Systematisierung und das Zu – Ende – Denken von Sinnzusammenhängen und deren Konstruktion zu Weltbildern mit entsprechenden ethischen Systemen; und

---

[9] Vgl. Gabriel, 1979, 17-19
[10] Gabriel, 1979, 17
[11] Vgl. Gabriel, 1979, 19-21

3. auf der Ebene der praktischen Lebensführung behandelt Max Weber die Tendenz zur Ausbildung einer methodischen Lebensführung als Folge der Institutionalisierung von Sinn- und Interessenzusammenhängen

auseinanderfaltet. Dies ist durch spezielle Materialien und Richtungen der Rationalisierung gekennzeichnet.

Weiterhin gilt, dass Max Weber das Verhältnis der Rationalitätstypen zueinander komplex und historisch variabel gestaltet. Dabei besteht die Bemühung die idealistische und die materialistische Interpretation des Verhältnisses von Ideen und der materiellen Basis zu überwinden. „Zentral für Webers Perspektive ist nun das historisch variable Verhältnis der Rationalisierungen auf der Ebene von Weltbild und Lebensführung zum wissenschaftlich – technisch – organisatorischen Rationalisierungstypus."[12]

Letztendlich bleibt festzustellen, dass Max Weber den Rationalisierungsprozess als deutliche Einheit konzipiert, obwohl sich unterschiedliche Dimensionen des Begriffes entwickelten.

Es folgt nun die Vorstellung der Theorie der *Wirtschaftssoziologie*[13] nach Max Weber, welche in Zusammenhang mit dem Rationalisierungskonzept steht.

Das Fundament der Ökonomie ist das wirtschaftliche Handeln, wobei anzumerken ist, dass wirtschaftliches Handeln nicht unbedingt mit dem sozialen Handeln gleichzusetzen ist. Andererseits kann soziales Handeln zu wirtschaftlichem Handeln werden. Dies geschieht, wenn „[…] es das Verhalten Dritter in Betracht zieht, indem es die Respektierung der eigenen faktischen Verfügungsgewalt über wirtschaftliche Güter durch Dritte reflektiert"[14]. Weber definiert weiter einige Begriffe und soziologische Beziehungen innerhalb der Wirtschaft[15]:

1. „*Wirtschaftlich orientiert* soll ein Handeln insoweit heißen, als es seinem gemeinten Sinne nach an der Fürsorge für einen Begehr nach Nutzleistungen orientiert ist;

2. *Wirtschaften* soll eine friedliche Ausübung von Verfügungsgewalten heißen, welche primär, *rationales Wirtschaften* eine solche, welche zweckrational, als planvoll, wirtschaftlich orientiert ist;

und

3. *Wirtschaft* soll ein autokephal, *Wirtschaftsbetrieb* ein betriebsgemäß geordnetes kontinuierliches Wirtschaften heißen."[16]

Des Weiteren definiert Weber die *Nutzleistungen* als eine Chance zur gegenwärtigen oder zukünftigen Verwendungsmöglichkeit. Weber unterscheidet in sachliche (Güter) und

---

[12] Gabriel, 1979, 20
[13] Vgl. Käsler, 1979, 159-162
[14] Käsler, 1979, 159
[15] Vgl. Käsler, 1979, 159
[16] Käsler, 1979, 159

menschliche (Leistungen) Nutzleistungen. Verwendungschancen sind ökonomische Chancen, welche durch Sitten, Interessenlagen und konventionell, rechtlich garantierte Ordnungen bestimmt werden. Eine Unterscheidung findet vor allem zwischen der traditionellen und zweckrationalen wirtschaftlichen Orientierung statt. Weber definiert als weitere wichtige Begrifflichkeit den *Tausch* als: „Interessenkompromiss der Tauschpartner, durch welche Güter und Chancen als gegenseitiges Entgelt hingegeben werden"[17]. Als *Tauschmittel* sind zwei Arten zu unterscheiden, das *chartale* Zahlungsmittel, wie das Geld, welches künstlich geschaffen ist, und das *naturale* Zahlungsmittel. Das Geld ist dabei das vollkommenste, wirtschaftliche Rechnungsmittel, welches dem formal rationalsten Mittel der Orientierung von wirtschaftlichem Handeln entspricht. Die formale Rationalität ist dabei an zwei spezifische Bedingungen geknüpft:

1. „den Marktkampf [...] autonomer Wirtschaften. [...] Geld ist keine harmlose Anweisung auf unbestimmte Nutzleistungen, welche man ohne grundsätzliche Ausschaltung des durch Kampf von Menschen mit Menschen geprägter Charakter der Preise beliebig umgestalten könnte, sondern primär: Kampfmittel und Kampfpreis, Rechnungsmittel aber nur in Form des quantitativen Schätzungsdrucks von Interessenkampfchancen.;

   und

2. [...] Strenge Kapitalrechnung ist ferner sozial an Betriebsdisziplin und Appropriation der sachlichen Beschaffungsmittel, also: an den Bestand eines Herrschaftsverhältnisses gebunden." [18]

Zudem stellt Max Weber eine soziologische Seite des Wirtschaftens heraus. Es handelt sich dabei um die Art der Verteilungen und Verbindungen menschlicher Leistungen zum Zweck der Güterbeschaffung, wobei wiederum zwei zu unterscheiden sind: 1. die disponierende Leistung und 2. die an Disposition orientierte Leistung (Arbeit), welche nach technischen und sozialen Seiten von Leistung und Arbeit differenziert ist.

Abschließend erfolgt eine Auflistung an Gründen, welche an der Erzielung eines Höchstmaßes von formaler Rationalität beteiligt sind. Dies sind[19]:

1. Gütermarktfreiheit;

2. Unternehmerfreiheit;

3. freie Arbeit, Arbeitsmarktfreiheit, Freiheit der Arbeiterauslese;

4. wirtschaftliche Vertragsfreiheit;

---

[17] Käsler, 1979, 160
[18] Käsler, 1979, 161
[19] Vgl. Käsler, 1979, 162

5. mechanisch, rationale Technik;
6. formal rationale Verwaltung, formal rationales Recht;
7. Trennung von Betrieb und Haushalt

und

8. formal rationale Ordnung des Geldwesens.

4. Die Objektivität und der Idealtypus[20]

In diesem Abschnitt wird zum einen vorgestellt, was unter Objektivität zu verstehen ist und zum anderen die Problematik des Idealtypus erläutert.

Objektivität ist die Trennung von Sollen und Sein. Für sie ist die Klarheit von Begriffen wichtig, was wiederum problematisch ist. Des Weiteren ist es ebenso schwierig bei der Trennung von Sollen und Sein die Objektivität zu bewahren. Diese Trennung ist erforderlich, da die Wissenschaft über das Sollen keine Aussagen treffen kann, sondern nur über den Ist – Zustand. Allerdings ist die Wissenschaft vom Wissenschaftler, dem Subjekt, abhängig und da dieser die Wahl des Forschungsgebietes nach seinem Ermessen und aufgrund seiner Interessen trifft, ist dieser Abschnitt des Forschungsprozesses vorwissenschaftlich.

Hinzu kommt, dass die Wissenschaft aber über das Sollen etwas sagen kann, solange es als Objekt behandelt wird und nicht als das Ziel. Zudem kann über die Mittel, mit dem das Ziel verfolgt wird, etwas gesagt und beurteilt werden. Abschließend bleibt anzumerken, dass die Wissenschaft zwischen den Werten vermitteln kann.

Die *Problematik des Idealtypus* stellt sich dagegen wie folgt dar.

Hintergrund für die Formulierung dieses Konzepts war der Methodenstreit zwischen der historischen (Gustav Schmoller) und der theoretischen (Carl Menger) Richtung der Nationalökonomie und der Kontroverse der Schule des Neoidealismus (Simmel) und des Neokantianismus (Rickert). Die Wirklichkeit stellte sich als ungeordnetes Chaos dar, somit kam die Forderung nach scharfen Begriffen. Das übergeordnetes Anliegen bestand darin historische Tatsachen zu klären, um in das Chaos eine gedachte Ordnung hineinzuprojizieren. Die Frage nach der Begriffsbildung und die damit verbundene Bedeutung von Theorie sollte gelöst werden. Allerdings muss dazu in der Sprache Einheitlichkeit und in den Begriffen Eindeutigkeit hergestellt werden, was wiederum schwierig ist.

Ideale sind Idealtypen in zweierlei Hinsicht:

1. sind sie auf rein logisch – gedankliche Perfektion hin angelegt und verfolgen die in sie einströmenden Überlegungen zu einem denkmöglichen Extrem

---

[20] Vgl. Weber, 1991, 21-102

und

2. sind sie auch auf Ideen bezogen, es sind daher Gedankenbilder und Entwürfe auf Gedanken.

Folgende Tatsache ist zu beachten: **für Idealtypen wird nie die Realität in Anspruch genommen!** Sie beinhalten daher nicht die Wirklichkeit, sondern bilden ein gedankliches Konstrukt. „Inhaltlich trägt diese Konstruktion den Charakter einer Utopie an sich, die durch gedankliche Steigerung bestimmter Elemente der Wirklichkeit gewonnen ist."[21] Es ist daher ein rein formales Instrument der intersubjektiven und diskursiven Erfassung von historischer Wirklichkeit, wobei dieses Instrument die Merkmale der logischen Konsistenz und der inneren Widerspruchsfreiheit besitzen muss. Der Idealtypus ist zum einen überspitzt und zum anderen lässt er etwas anderes aus. Das heißt, er hebt wichtige und relevante Merkmale für den Wissenschaftler heraus und macht sie für den Leser deutlich. „Er ist nicht eine Darstellung des Wirklichen, aber er will der Darstellung eindeutige Ausdrucksmittel verleihen."[22]

Zur näheren Erläuterung wird nachstehen das fünf Punkte – Programm[23] des Idealtypus aufgezeigt.

1. Der Idealtypus ist ein genetischer Begriff, der aus einem Bündel von Merkmalen jene herauslöst, die für eine bestimmte Kulturbedeutung als ursächlich wesentlich angesehen werden. „Dieser Zusammenhang soll ´rein` konstruiert werden."[24]

2. Der Idealtypus ist keine Hypothese, versucht aber die Hypothesenbildung in bestimmte Richtung lenken. Er ist an der historischen Realität nicht falsifizierbar, aufgrund einer zu geringen Adäquanz zu empirischen Sachverhalten. Des Weiteren besteht fortwährend aufgrund bestimmter Forschungsabsichten die Forderungen nach neuen idealtypischen Konstruktionen.

3. Der Idealtypus dient als heuristisches Mittel zur Anleitung empirischer Forschung. Dies geschieht, da er die Gesichtspunkte der Fremd- und Selbstdeutung von gesellschaftlichen Handlungen formuliert. Somit soll eine Strategie formuliert werden, um die Mannigfaltigkeit der empirischen Daten in einen gedachten (idealen) Zusammenhang zu überführen bzw. zu ordnen. Allerdings wird die Brauchbarkeit von idealtypischen Konstruktionen an dem Erfolg für die Erkenntnis gemessen.

---

[21] Weber, 1991, 73
[22] Weber, 1991, 73
[23] Vgl. Käsler, 1979, 182-183
[24] Käsler, 1979, 182

4. „Der Idealtypus dient der Systematisierung empirisch – historischer Wirklichkeit, indem deren Abstand von der typisierten Konstruktion interpretativ gemessen wird."[25]

5. „Die Ergebnisse, die mit Hilfe des idealtypischen Vorgehens für ein Erklären und Verstehen von historischen Erscheinungen produziert werden, unterliegen einem nie abzuschließenden Umdeutungsprozess. […] Der Erfolg des idealtypischen Ordnens von historischer Wirklichkeit hängt vom Grad der Konkordanz zwischen den Typen- und Begriffsbildungen der Handelnden im untersuchten sozialen Zusammenhang und den Typen- und Begriffsbildungen der Wissenschaftler, die diese Zusammenhänge untersuchen ab."[26]

5. Das Postulat der Werturteilsfreiheit[27]

Es bestehen bezüglich des Postulats zur Werturteilsfreiheit vier Hintergründe[28]:

1. der philosophische Hintergrund, welcher Kritik am Positivismus übt;

2. der theoretische Hintergrund – Weber beeinflusste die Auseinandersetzung über das Verhältnis von Natur- und Geisteswissenschaften (Windelband versus Rickert), welche ihn zur Formulierung des Konzepts von Wirklichkeitswissenschaften führte;

3. der organisatorische Hintergrund – „Die Gesellschaft soll […] einen rein objektiv wissenschaftlichen Charakter haben. Es folgt daraus, dass jede Art von politischer, sozialpolitischer, sozialethischer oder irgendwelcher sonstigen Propaganda für praktische Ziele oder Ideale innerhalb ihrer oder unter ihrem Namen ausgeschlossen sein muss. Sie darf sich nur in den Diensten der Erforschung von Tatsachen und ihren Zusammenhängen stellen."[29]

und

4. „die Lage und das politische Selbstverständnis der deutschen Wissenschaft um die Jahrhundertwende"[30] – damit sind die Forderungen an eine wertende Wissenschaft und die Darstellung einer wertfreien Wissenschaft als falsche Wissenschaft gemeint.

Nachstehend wird die gängige Interpretation des Weberschen Anliegens wiedergegeben, danach haben Sozialwissenschaftler:

1. „sich aller wertenden Aussagen zu enthalten, entweder immer, oder in Ausübung ihres Berufes, oder wenn sie die Ergebnisse ihrer Arbeit veröffentlichen;

---

[25] Käsler, 1979, 182-183
[26] Käsler, 1979, 183
[27] Vgl. Käsler, 1979, 183-195
[28] Vgl. Käsler, 1979, 184-189
[29] Käsler, 1979, 188
[30] Käsler, 1979, 184

2. keinerlei ästhetische oder moralische Wertungen vorzunehmen; erlaubt sind Wertungen im Sinne der Unterscheidung von wahr und falsch;

3. für den Leser oder Hörer erkennbare Wertungen von beschreibenden Aussagen zu trennen;

4. sich nicht politisch zu betätigen;

5. alle denkbaren ethischen und politischen Höchstwerte, wie Freiheit, Gleichheit, Gerechtigkeit, sind gleichwertig; die Wissenschaft darf daher keinem einen höheren Rang als den anderen einräumen;

und

6. Werte und Wertungen sozialer Akteure sind nicht Gegenstand der Sozialwissenschaften."[31]

Allerdings wird das Webersche Anliegen durch keine dieser Interpretationen abgedeckt, es zerfällt vielmehr in zwei voneinander abzuhebende Argumente:

1. in die *Forderung nach Werturteilsfreiheit*[32] im engeren Sinn – Ist die Forderung, dass der Forscher die Feststellung empirischer Tatsachen und seine wertenden Stellungnahmen unbedingt auseinanderhalten soll. Dabei betont Weber, dass es schwierig ist empirische Feststellungen und praktische Wertungen voneinander zu trennen. Ebenso bestätigt er, dass die Themenwahl und die Auswahl des Stoffes Wertungen beinhaltet. „ Es geht also auf der ersten Ebene des Weberschen Postulats der Werturteilsfreiheit in der Wissenschaft darum, dass Wertungen, im Sinne von Bewertungen als verwerflich oder billigenswert, von Aussagen über empirische Tatbestände und Zusammenhänge voneinander getrennt werden müssen."[33] Für persönliche Stellungnahmen kann der Forscher keine wissenschaftliche Legitimation in Anspruch nehmen. und

2. in das *Problem der Wertbeziehung*[34] - Es handelt sich um die Beziehung zwischen den Ergebnissen wissenschaftlicher Forschungen und den Wertungen des Forschers. Dabei stellt sich die Frage, wie erfahrungswissenschaftliche – empirische Disziplinen die Aufgabe lösen können. Es sollen die Wertstandpunkte des Betreffenden auf seine individuelle, soziale und historische Bedingtheit, durch ein verstehendes Erklären, untersucht werden. Dies ist aus zwei Gründen wissenschaftlich äußerst wichtig:

---

[31] Käsler, 1979, 190
[32] Vgl. Käsler, 1979, 190-191
[33] Käsler, 1979, 191
[34] Vgl. Käsler, 1979, 191-195

a) zum Zweck einer empirischen Kausalbetrachtung von menschlichen Handlungen, um deren Motive kennen zu lernen;

und

b) zur Ermittlung der wirklichen gegenseitigen Wertungsstandpunkte.

Max Weber postuliert des Weiteren vier Aufgabenstellungen[35], die er einer Wertungsdiskussion zugrunde legt:

1. „Die Herausarbeitung der letzten, innerlich, konsequenten Wertaxiome, von denen die einander entgegengesetzten Meinungen ausgehen;

2. Die Deduktion der Konsequenzen für die wertende Stellungnahme, welche aus bestimmten letzten Wertaxiomen folgen würden, wenn man sie, und nur sie, der praktischen Bewertung von faktischen Sachverhalten zugrunde legt. [...]

3. Die Feststellung der faktischen Folgen, welche die praktische Durchführung einer bestimmten praktisch wertenden Stellungnahme zu einem Problem haben müsste [...]

4. Endlich können dabei neue Wertaxiome und daraus zu folgernde Postulate vertreten werden, welche der Vertreter eines praktischen Postulats nicht beachtet und zu denen er infolgedessen nicht Stellung genommen hatte [...].“[36]

Somit wird durch das Erkenntnisinteresse und die Wertideen eine Beziehung zwischen dem Forscher und dem Forschungsgegenstand hergestellt, welche wiederum für die Forschungsergebnisse sehr bedeutsam ist.

„...wissenschaftliche Wahrheit ist nur, was für alle gelten will, die Wahrheit wollen.“[37]

6. Theorievergleich nach Haller

Es folgt nun ein Theorievergleich nach Haller, welcher auf dem Buch: „Soziologische Theorie im systematisch – kritischen Vergleich“ basiert. Dabei werden die Punkte:

1. die *zentralen Grundannahmen* und die *Gegenstandsbereiche*;

2. der *wissenschaftstheoretisch – methodologische Anspruch*;

3. die *Diagnosefähigkeit*

und

4. die *Legitimationsfähigkeit*

bezüglich der Soziologie als Wirklichkeitswissenschaft angesprochen.

---

[35] Vgl. Käsler, 1979, 192
[36] Käsler, 1979, 192-193
[37] Käsler, 1979, 194

Zu den *zentralen Grundannahmen*[38] gehören:

1. die kausale und sinnverstehende Erklärung sozialer Sachverhalte (die Bildung von Idealtypen ist dabei ein essentielles Instrument);

2. die systematische Analyse der Beziehungen des Handelns zu Werten (dem Zurechnungsproblem);

3. eine angemessene Erfassung der Logik der Situation (die situativen, kontextuellen Umstände, in denen Entscheidungen getroffen werden und Handlungen stattfinden);

4. die spezifischen adäquaten Vorstellungen von Akteuren und deren Handlungszielen (siehe dem Begriff der Identität)

    und

5. die systematische Erfassung der Beziehungen zwischen den unterschiedlichen Ebenen von sozialer Realität (Mehrebenenanalyse).

Folgender *Gegenstandsbereich*[39] lässt sich erschließen:

Für die Soziologie sind Phänomene mit einer kulturellen Bedeutung von Interesse. „Ziel der Soziologie ist die 'Erkenntnis der Wirklichkeit in ihrer Kulturbedeutung'."[40] Die Soziologie als Wirklichkeitswissenschaft stimmt mit der Position eines wissenschaftlichen Realismus überein. Diese besagt wiederum, dass die Beobachtungen und die Tatsachenerkenntnis einen interpretativen Charakter besitzen. Dadurch ist immer diskutierbar, was nun die Wirklichkeit ist und was zu den Fakten zählt. Die Wirklichkeit ist an der Bestimmung von Werten und deren Beziehungen zum Handeln beteiligt. Andererseits existieren auch gesellschaftliche Phänomene, welche keine kulturelle Bedeutung besitzen, allerdings als wichtige Rahmenbedingungen für das Handeln fungieren.

Max Weber hatte diesen *wissenschaftstheoretisch – methodologische Anspruch*[41]:

Die Methodologie wird „[...] als Gesamtheit der Regeln, nach denen die Problemformulierung, die Umsetzung einer Fragestellung in ein Forschungsdesign, die Anwendung und Weiterentwicklung geeigneter Erhebungs- und Auswertungsinstrumente und die Interpretation der Daten erfolgt"[42], verstanden. Weber interessierte sich dabei insbesondere für inhaltliche Forschungsfragen. Des Weiteren existieren drei wichtige Elemente der methodologischen Überlegungen:

1. die pragmatische, multikausal orientierte Analyse der sozialen Realität,

2. der Begriff des Idealtypus und

---

[38] Vgl. Haller, 2003, 485
[39] Vgl. Haller, 2003, 596
[40] Haller, 2003, 596
[41] Vgl. Haller, 2003, 596-599
[42] Haller, 2003, 597

15

3. das Prinzip der Werturteilsfreiheit.

Sie gelten als zentrale Grundsteine der Soziologie bis heute. Letztlich bleibt zu erwähnen, dass Weber stets die methodologische Sauberkeit und Strenge forderte, diese wurden jedoch nicht immer von den Forschern eingehalten.

Unter dem Begriff der *Diagnosefähigkeit*[43] ist im Allgemeinen als „[…] die Leistungskraft eines soziologischen Werkes in Hinblick auf ein adäquates soziologisches Verständnis bzw. eine zutreffende soziologische Erklärung"[44] zu bezeichnen. Max Weber`s Hauptwerk „Wirtschaft und Gesellschaft" besitzt eine sehr hohe wissenschaftliche Diagnosefähigkeit, es stellt zudem wahrscheinlich den wichtigsten soziologischen Klassiker dar. Des Weiteren weist das Werk Webers zwei wichtige Aspekte:

1. „die Entwicklung ganz neuer Fragestellungen, Begriffe und Theorien, die heute vielfach zum Grundbestand der Soziologie gehören;

2. eine weitgehende Unumstrittenheit auch der wichtigsten inhaltlichen Befunde der Werke"[45], auf.

Unter dem Begriff der *Legitimationsfähigkeit*[46] ist im Allgemeinen „[…] ihre Leistungsfähigkeit in Hinblick auf die Rechtfertigung bestimmter gesellschaftlicher Verhältnisse, Interessen oder Handlungsstrategien"[47] zu verstehen.

Die Öffentlichkeitswirksamkeit des Werkes „Wirtschaft und Gesellschaft" ist nicht allzu groß, meist wurde nur eine gewisse Schicht intellektuell Interessierter angesprochen, da es sich eher um eine Kritik gegen bestehende Verhältnisse handelt als um eine Legitimation.[48]

Eine sehr hohe Legitimationskapazität besitzt dagegen die Freiburger Antrittsvorlesung: „Der Nationalstaat und die Volkswirtschaftspolitik" von Max Weber. Er präsentiert in dieser Rede sein Bekenntnis zum deutschnationalen Machtstaat Bismarckisch – Wilhelminischer Prägung. „Die zentrale These lautet, dass die Volkswirtschaftslehre zwar eine wertfreie Wissenschaft sei, die Volkswirtschaftspolitik jedoch eine politische Wissenschaft, die im Interesse der deutschen Nation stehen und einen Beitrag zum ewigen Kampf um die Erhaltung und Emporzüchtung unserer nationalen Art leisten müsse."[49] Die Vorlesung ist inhaltlich weder stringent, noch werden die Thesen fundiert begründet. Allerdings entsprach die Vorlesung

---

[43] Vgl. Haller, 2003, 601
[44] Haller, 2003, 601
[45] Haller, 2003, 603
[46] Vgl. Haller, 2003, 601
[47] Haller, 2003, 601
[48] Vgl. Haller, 2003, 603-604
[49] Haller, 2003, 608

entsprach den deutschnational – konservativen geistigen Strömungen des Wilhelminischen Deutschlands und wurde in der Öffentlichkeit stark rezipiert.[50]

7. Fazit

Max Weber war ein herausragender Wissenschaftler, welcher der Soziologie eine Fülle an Werken (z.b. „Wirtschaft und Gesellschaft", „Schriften zur Wissenschaftslehre") hinterlassen hat, welche wiederum oftmals die Basis für gegenwärtige Forschungs- und Wissenschaftsarbeiten fungieren. Beispielsweise wird nach seinen Maximen (z.b. das Werturteilsfreiheitspostulat, das Konzept der Objektivität und des Idealtypus) Wissenschaft betrieben. Die Soziologie, wie sie sich uns heute darlegt, wurde durch sein Schaffen maßgeblich geprägt. Dies drückt auch die hohe Diagnosefähigkeit von „Wirtschaft und Gesellschaft" aus.

Allerdings wird auch jede Persönlichkeit durch den jeweiligen Geist seiner Zeit geprägt. So auch Max Weber, welcher durch sein konservatives Elternhaus, durch den Protestantismus und durch den wilhelminischen Zeitgeist geprägt wurde. Auch er war an der Anerkennung seiner Zeitgenossen und Mitmenschen interessiert, insbesondere da er eine Persönlichkeit im öffentlichen Raum war. Als Professor an einer Universität war es ihm wichtig die Öffentlichkeit anzusprechen. Dies wiederum drückt die hohe Legitimationsfähigkeit seiner Freiburger Antrittsvorlesung, welche erhebliche Wertungen[51] enthält, aus. In der Wissenschaft besaß sie lediglich eine geringe Diagnosefähigkeit. Somit wird klar deutlich, dass sich selbst ein Wissenschaftler, der sich so sehr der Objektivität und der Wertfreiheit verschrieben hat, nicht davor geschützt ist sehr subjektive Aufsätze zu verfassen. Jeder Wissenschaftler ist ein Mensch, welcher gesellschaftlichen Einflüssen ausgesetzt ist, die wiederum zu subjektiven Anschauungen führen. Lediglich das Bewusstsein über diese Tatsache lässt es zu, dass unter bestimmten Bedingungen z. B. Objektivität, nach der Trennung von Sein und Sollen, und Wertfreiheit, nach der Unterscheidung zwischen der Wirklichkeit und den Fakten, durchgesetzt werden können. Dies z.B. hinterlässt uns Max Weber.

---

[50] Vgl. Haller, 2003, 608-609
[51] Vgl. Haller, 2003, 608

8. Literatur

Bergner, D. / Mocek, R.(1986): Gesellschaftstheorie. Das Problem des okzidentalen
                  Rationalismus oder die Begründung eines neuen
                  Gesellschaftstheoretischen Paradigmas durch Max Weber.,
                  Berlin: Dietz Verlag, S. 137-142

Gabriel, K.(1979): Analysen der Organisationsgesellschaft.,
                Frankfurt/ New York: Campus Verlag, S. 17-21

Haller, M.(2003): Soziologische Theorie im systematisch – kritischen Vergleich.
                Soziologie als Wirklichkeitswissenschaft.,
                Opladen: Leske + Budrich, S. 485, 596-599, 601-609

Käsler, D.(1979): Einführung in das Studium Max Webers.,
                München: Verlag C.H. Beck, S. 150-162, 179-195

Morel, J.(1999): Soziologische Theorie: Abriss der Ansätze ihrer Hauptvertreter.,
                München – Wien: Oldenbourg, S. 20-28

Weber, M.(1991): Die Objektivität sozialwissenschaftlicher und sozialpolitischer Erkenntnis.
                In: Sukale, M.(Hrsg.): Schriften zur Wissenschaftslehre.,
                Stuttgart: Verlag Philipp Reclam jun., S. 21-101